• Artistas Anônimos •

ARTE INDÍGENA

Hildegard Feist

(Formada em Letras pela Universidade de São Paulo, é professora de português, francês e espanhol. Escritora e tradutora, cursou Sociologia de Comunicações na American University em Washington, D.C. EUA.)

Ilustrações: Luciana Hees

São Paulo, 2010
1ª edição
2ª Impressão

DE ACORDO COM AS NOVAS NORMAS ORTOGRÁFICAS

Altamente recomendável
Fundação Nacional do Livro Infantil e Juvenil, 2011
Categoria Informativo.

©Hildegard Feist, 2010

COORDENAÇÃO EDITORIAL: Lisabeth Bansi
EDIÇÃO DE TEXTO: Ademir Garcia Telles
COORDENAÇÃO DE PRODUÇÃO GRÁFICA: Ricardo Postacchini, Dalva Fumiko N. Muramatsu
EDIÇÃO DE ARTE: Camila Fiorenza
CAPA: Luciana Hees
ILUSTRAÇÕES: Luciana Hees
COORDENAÇÃO DA REVISÃO: Elaine C. del Nero
REVISÃO: Ana Cortazzo, Ana Maria C. Tavares, Daniela Pita, Fernanda Marcelino
COORDENAÇÃO DE PESQUISA ICONOGRÁFICA: Ana Lucia Soares
PESQUISA ICONOGRÁFICA: Denise Durand Kremer
COORDENAÇÃO DE BUREAU: Américo Jesus
TRATAMENTO DE IMAGENS: Arleth Rodrigues
PRÉ-IMPRESSÃO: Helio P. de Souza Filho, Marcio H. Kamoto
COORDENAÇÃO DE PRODUÇÃO INDUSTRIAL: Wilson Aparecido Troque
IMPRESSÃO E ACABAMENTO: Forma Certa Gráfica Digital
LOTE: 797.334
COD: 12066918

Dados Internacionais de Catalogação na Publicação (CIP)
(Câmara Brasileira do Livro, SP, Brasil)

Feist, Hildegard
  Arte indígena / Hildegard Feist. — 1. ed. — São Paulo : Moderna, 2010.

  ISBN 978-85-16-06691-8

  1. Arte indígena I. Título.

10-04369   CDD-704.09

Índices para catálogo sistemático:

1. Arte indígena : História   704.09

Reprodução proibida. Art.184 do Código Penal e Lei 9.610 de 19 de fevereiro de 1998.

Todos os direitos reservados

EDITORA MODERNA LTDA.
Rua Padre Adelino, 758 – Belenzinho
São Paulo – SP – Brasil – CEP 03303-904
Tel. (11) 2790-1500 – Fax (11) 2790-1301
www.modernaliteratura.com.br
Impresso no Brasil, 2025

Quando ouve falar em arte, você pensa em quê? No famoso retrato daquela senhora sem sobrancelhas que atende pelo nome de Mona Lisa e que você viu sabe lá onde? Na estátua daquele célebre herói brasileiro que você não lembra quem é e que está se cobrindo de fuligem e de pichação na praça onde você passeia de bicicleta com os amigos?

Se for nesse tipo de arte que você pensa, vou logo avisando que não é o que vai encontrar neste livro. Porque aqui eu falo de arte indígena, de expressões artísticas tradicionais dos vários povos indígenas que ou já viveram no Brasil e desapareceram, ou conseguiram superar as vicissitudes da história e continuam entre nós. Claro está que num livro tão pequeno eu não poderia explorar esse assunto de A a Z, como gostaria. Por isso mesmo selecionei algumas coisas que me parecem mais interessantes, mais bonitas, mais significativas – enfim, que acho que vão lhe agradar. Posso lhe garantir que foi um processo difícil, porque a quantidade de itens igualmente interessantes, bonitos e significativos que precisei deixar de fora foi enorme. Não é um bom motivo para eu merecer sua atenção?

Apesar de criadas por muitos povos diferentes ao longo de séculos, as obras de arte tradicionais dos indígenas brasileiros têm alguns traços em comum: foram produzidas por artistas anônimos, estão relacionadas com a natureza, as crenças religiosas, os mitos, os costumes da comunidade em que surgiram e atingem seu ponto alto sobretudo na cerâmica e nas grandes cerimônias coletivas.

Vamos começar pela cerâmica. Utilizando o barro como principal matéria-prima, nossos índios – ou melhor: nossas índias, porque esse é um trabalho quase exclusivo das mulheres – produziram (e ainda produzem) uma variedade enorme de objetos, desde cumbuca para usar no dia a dia, até urna para enterrar os mortos.

A primeira coisa que a índia ceramista faz é pegar uma boa quantidade de barro na beira do rio, na margem do lago, na fonte de água mais próxima. Depois de limpar bem esse material, retirando pedrinhas, folhas mortas e outros detritos, ela o deixa de lado por alguns dias, para escorrer o resto da sujeira. Então começa a modelar a peça que tem em mente.

Para fazer um vaso, por exemplo, ela geralmente molda uma base redonda e chata, como um disco. Depois, com as mãos, forma um cordão de barro e o prende em toda a volta dessa base redonda. A partir daí vai enrolando mais cordões e dispondo-os em círculos, um sobre o outro, até obter o tamanho desejado. Ao mesmo tempo, vai alisando a peça com uma pedra, um osso, um caco de cabaça, uma concha. Também pode ir criando desenhos, com reentrâncias e saliências. Para isso se vale dos dedos, de um pauzinho, de uma corda — enfim, do que tiver à mão e do jeito que a imaginação sugerir.

No fim dessa etapa, cava um buraco no chão, amontoa nele uma porção de galhos secos e põe fogo. Quando restam apenas brasas, coloca a peça de barro cru diretamente sobre elas, cobre-a com mais galhos secos e torna a acender a fogueira. A peça cozida pode ser usada tal como sai do fogo, mas também pode ser pintada. Nesse caso, a ceramista geralmente usa suco de urucum, suco de jenipapo e carvão vegetal. E sobre esses sucos vou fazer um pouco de suspense para explicar mais adiante.

Os objetos de cerâmica indígena mais antigos foram encontrados na ilha de Marajó, onde floresceu a cultura marajoara. Instalados nessa ilha provavelmente a partir do século VI, os marajoaras começaram a decair em meados do século XII e já haviam desaparecido quando os portugueses chegaram aqui, em 1500. Mas deixaram uma cerâmica admirável, na qual se destacam dois tipos de objeto: a urna funerária e a tanga.

A urna funerária, ou igaçaba, é um vaso grande com tampa e servia para enterrar os mortos. Ou melhor: os ossos dos mortos. Os marajoaras, assim como outros povos indígenas, acreditavam que por meio dos ossos o morto poderia chegar à outra vda; por isso tratavam de preservar os ossos, não a carne. Eles faziam assim: primeiro, enterravam o defunto no chão. Depois que a carne se decompunha, limpavam bem os ossos e os pintavam de vermelho. Então os colocavam na igaçaba, enterravam a igaçaba até a borda e a tampavam. Em volta dela, punham pratos de comida e um banco de cerâmica para os espíritos.

Urna funerária com desenhos geométricos. Cerâmica marajoara, Pará.

Algumas igaçabas são enfeitadas com desenhos geométricos, característicos da cerâmica marajoara. Outras apresentam feições humanas ou de animais. A decoração variava conforme a posição social do falecido: mais caprichada no caso de uma pessoa importante, mais simplesinha no caso de um indivíduo qualquer.

As primeiras igaçabas foram encontradas nuns aterros enormes, chamados tesos, perto do lago Arari, na ilha de Marajó. Os estudiosos acham que esses aterros eram construídos não só para servir de cemitério, mas também para impedir que as cheias constantes na região alagassem as moradias da aldeia.

Outros povos indígenas também usavam urnas para seus mortos. Os coroados, que viviam em parte

Urna funerária com forma humana. Cerâmica de Maracá, Pará.

de Minas Gerais e do Rio de Janeiro, colocavam o cadáver do chefe num grande vaso de barro chamado camucim e o enterravam debaixo de uma árvore. Mais tarde, quando o pessoal da região passou a derrubar árvores para usar a madeira ou para plantar naquela área, encontrou muitos desses vasos. Em alguns, o defunto, munido dos símbolos de seu poder, estava muito bem conservado. E sempre estava de cócoras. Ou porque o índio em geral vê a morte como o eterno descanso – e, em vida, ele se acocora para descansar –, ou porque essa posição resulta em economia de espaço.

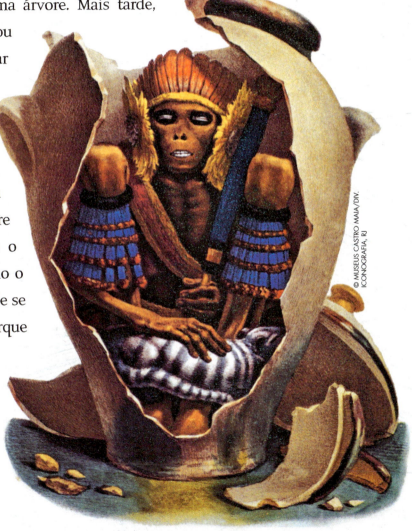

Múmia de um chefe coroado, litogravura de Jean Baptiste Debret, Viagem pitoresca e histórica ao Brasil, volume 1.

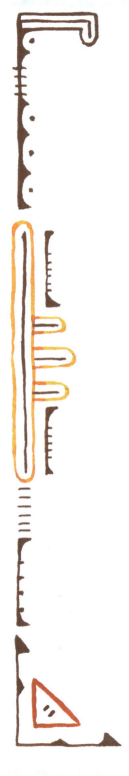

Como acabamos de ver, as urnas funerárias não eram exclusivas dos marajoaras. Em compensação, a tanga de cerâmica não foi encontrada em nenhuma outra cultura. Sabemos que essa tanga, em formato de triângulo, era usada pelas mulheres, porém ignoramos como surgiu e para que realmente servia. Como ela sempre tem um furinho em cada ponta, talvez fosse uma peça de vestuário, que as marajoaras amarravam no corpo com um cordão. Mas talvez fosse só um enfeite. Ou um objeto ritual. Ainda não temos respostas para essas dúvidas. O que podemos afirmar com certeza é que há dois tipos de tanga: uma simples, toda vermelha, e outra mais elaborada, pintada de branco com desenhos em vermelho e preto. Dizem que os desenhos nunca se repetem e que até hoje ninguém viu duas tangas iguais. Se isso é verdade mesmo, os artistas marajoaras tinham muita imaginação...

Tangas de cerâmica marajoara, Pará.

Mas nem por isso a cerâmica marajoara reina sozinha no campo da arte indígena. Ela tem uma rival de peso na cerâmica tapajônica, criada pelos tapajós, que habitavam a região de Santarém e as margens do rio Tapajós, no Pará. A cultura tapajônica floresceu entre os séculos XI e XVI e desapareceu no XVII, deixando-nos basicamente estatuetas e vasos. As estatuetas encontradas em Santarém são chamadas popularmente de ídolos – e de novo não sabemos por quê. Elas são ocas, e algumas têm pedrinhas dentro, o que nos leva a supor que funcionavam como chocalhos.

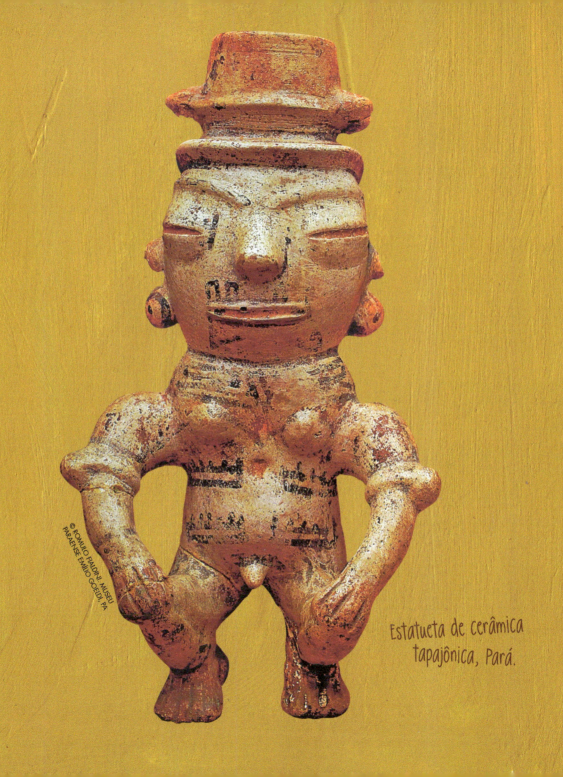

Estatueta de cerâmica tapajônica, Pará.

Vaso de cerâmica tapajônica, Pará.

Os vasos tapajônicos se caracterizam pelos vários gargalos trabalhados. Alguns são tão rasos que mais parecem taças grandes ou pratos de sopa. Alguns são enfeitados com figuras femininas. Outros exibem figuras de animais. Rã, tartaruga, jacaré, macaco, morcego, onça, coruja são alguns dos bichos mais comuns, porém nenhum ganha da cobra. Parece que os tapajós viam a cobra como sinal de boa sorte ou como uma defesa contra todos os males.

Se você está estranhando a quantidade de coisas que não sabemos a respeito da arte indígena, saiba que há outros enigmas que a cultura indígena amazônica nos propõe. Um deles se refere ao muiraquitã. E o mistério já começa pelo nome, que, para alguns estudiosos, significa "pedra de gente", e, para outros, quer dizer "nó de pau", "pedra de chefe", "botão de gente", "pedras verdes do rio".

Sobre o uso do muiraquitã também há muitas dúvidas. Alguns acreditam que se trata de um amuleto usado pelas mulheres tapajós para evitar doenças. Outros o consideram um simples enfeite, algo como uma bijuteria. Feito de barro, de pedra ou de concha, o muiraquitã geralmente é verde e tem forma de rã. Mas também pode ser de outras cores e apresentar forma de tartaruga, peixe, morcego e outros bichos.

Muiraquitã de nefrita, Amazônia.

© WAGNER SOUZA E SILVA. MUSEU DE ARQUEOLOGIA E ETNOLOGIA, USP

Ainda bem que, no meio de tantas dúvidas, há uma lenda amazônica para nos contar a origem do muiraquitã. Ela diz que, uma vez por ano, na festa de Iaci, a Lua, as guerreiras icamiabas (palavra que significa "mulheres sem marido") recebiam com amor e carinho os guerreiros guacaris. Inspiradas por Iaci, elas iam buscar um barro verde no fundo do lago Espelho da Lua (Iaci-uaruá). Com esse barro faziam objetos em forma de animais e os davam de presente a esses "maridos por uma noite". Foi assim que, de acordo com essa lenda, inventaram o muiraquitã.

Esses povos que vimos até agora já desapareceram, mas a cerâmica indígena não desapareceu com eles. Ao contrário, continua sendo feita, pois todos os índios conhecem a arte de criar objetos de barro.

Os carajás, que vivem, tradicionalmente, na região do rio Araguaia, em Tocantins, Mato Grosso e Goiás, fazem bonecos com feições humanas e de animais. No primeiro caso, a figura feminina é a mais frequente. No segundo, predominam a tartaruga, a onça, o papagaio e a coruja. As peças mais antigas são mais valorizadas; já as atuais são produzidas em série para atender a demanda dos visitantes. Várias figuras têm pedrinhas dentro, para servir de chocalho.

Boneca de cerâmica dos carajás, Tocantins.

Flauta de osso dos tucanos, Amazonas.

No começo desta nossa conversa, eu falei que a arte indígena atinge seu ponto alto sobretudo na cerâmica e nas grandes cerimônias coletivas. De acordo com o sexo, a idade, a ocupação e a posição na hierarquia da tribo, cada membro da comunidade desempenha um papel nessas cerimônias, eventos solenes que envolvem música, dança, pintura corporal, arte plumária.

A música é executada por instrumentos de sopro e de percussão. Os instrumentos de sopro compreendem flautas, apitos e buzinas. As flautas são feitas de osso, de bambu ou de madeira. Os apitos, geralmente pendurados num colar, são feitos de cabaça ou de madeira. As buzinas são feitas de cerâmica, de chifre de boi ou de cabaça e emitem um som grave.

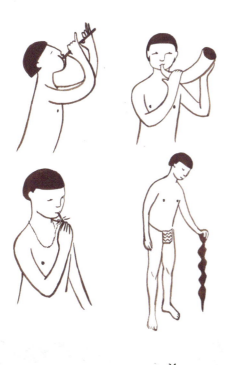

Colar-apito dos urubus-caapores, Maranhão.

Os instrumentos de percussão marcam o ritmo da dança e incluem chocalho, tambor, bastão de ritmo e zunidor. Existem dois tipos de chocalho. O chocalho de mão, ou maracá, vem a ser uma cabaça com sementes no interior ou presas com cordões em toda a volta e com um cabo para o tocador segurá-lo. O chocalho de amarrar na perna também é feito de cabaça e sementes, mas não tem cabo. Nos dois tipos, as sementes produzem o som quando se agita o chocalho. O bastão de ritmo é um tubo de madeira ou taquara com mais ou menos um metro de comprimento; é usado pelas mulheres, que o seguram numa ponta e batem a outra ponta no chão. Quanto ao zunidor, consiste numa folha ou lâmina de madeira amarrada numa corda; girado rapidamente no ar, produz o som de um zumbido — e por isso mesmo se chama zunidor.

A dança geralmente não passa de uma série de saltos sobre um pé e outro, ao ritmo de duas batidas rápidas e uma lenta. Para você ter uma ideia do ritmo da dança, bata as mãos duas vezes bem depressa e uma vez devagar. O canto se resume numa

Chocalho de mão dos tapirapés, Mato Grosso.

© CÉSAR BARRETO. MUSEU NACIONAL DA UFRJ, RJ

Chocalho de amarrar na perna dos apaniecras, Maranhão.

Zunidor dos meinacos, Mato Grosso.

Bastão de ritmo dos euaroianas, Pará.

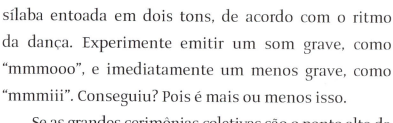

sílaba entoada em dois tons, de acordo com o ritmo da dança. Experimente emitir um som grave, como "mmmooo", e imediatamente um menos grave, como "mmmiii". Conseguiu? Pois é mais ou menos isso.

Se as grandes cerimônias coletivas são o ponto alto da expressão artística dos índios, a pintura corporal é o ponto alto das grandes cerimônias coletivas. É uma tradição importante dos povos indígenas e sobrevive até hoje.

Além de enfeitar, a pintura corporal tem várias funções. Protege a pessoa do sol, dos insetos e dos maus espíritos; indica a posição que o indivíduo pintado ocupa na hierarquia da tribo; e, na crença dos índios, constitui uma garantia de sucesso na caçada, na pesca, na luta, na viagem. Geralmente é a mulher quem pinta a família. Para isso, ela usa basicamente suco de jenipapo, suco de urucum e tabatinga. Lembra que, lá no começo, eu fiz suspense sobre esses sucos? Pois agora vem a explicação. O jenipapo e o urucum são frutos. O suco do jenipapo é azul bem escuro, quase preto, e fica na pele por oito a quinze dias. O suco do urucum é vermelho ou vermelho-amarelado. Quanto à tabatinga, não é fruto, nem suco, mas uma argila branca.

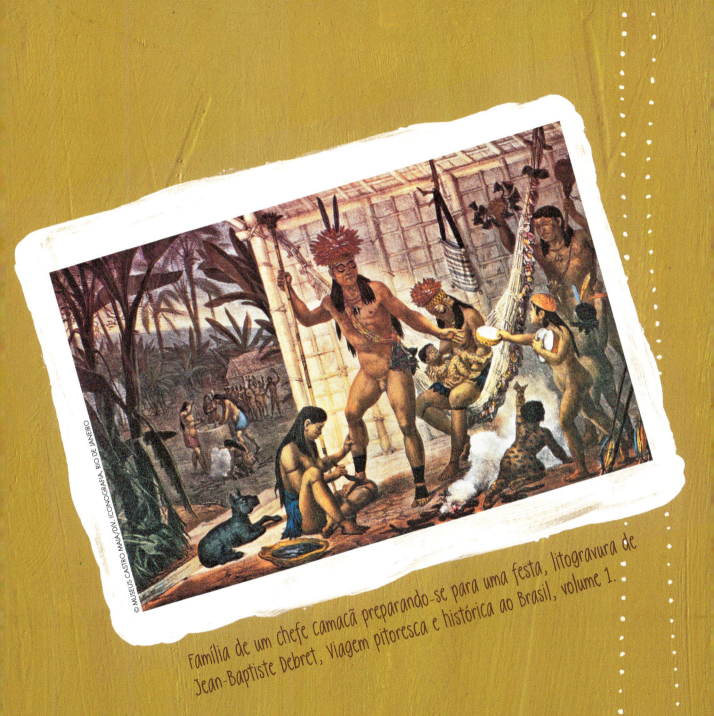

Família de um chefe camacã preparando-se para uma festa, litogravura de Jean-Baptiste Debret, Viagem pitoresca e histórica ao Brasil, volume 1.

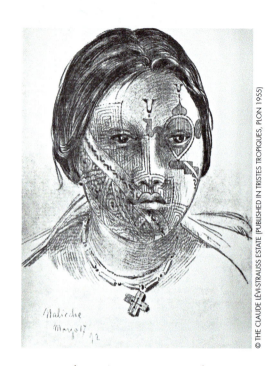
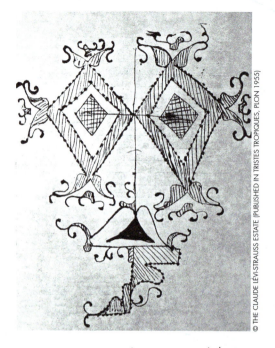

"Uma bela caduveu em 1895 (segundo Boggiani)", desenho reproduzido em Claude Lévy-Strauss, Tristes trópicos.

Desenho de uma caduveu para pintura facial, reproduzido em Claude Lévy-Strauss, Tristes trópicos.

A pintura corporal pode ser só facial, da testa ao queixo, e pode realmente cobrir o corpo inteiro. Nessa arte, poucos indígenas conseguem competir com os caduveus, índios cavaleiros que lutaram na guerra do Paraguai e hoje vivem na região do Pantanal mato-grossense. O estudioso Claude Lévy-Strauss visitou os caduveus na década de

Pintura corporal calapalo, Mato Grosso.

1930; em seu livro *Tristes trópicos*, ele diz que esse povo usava a pintura corporal basicamente para se diferenciar dos animais. Talvez seja por isso que os desenhos criados por eles não acompanham o formato dos olhos, do nariz, da boca, mas, ao contrário, parecem renegar as feições que a natureza lhes deu.

Os caduveus continuam praticando a pintura corporal, mas já perderam de vista o significado profundo dessa arte. Inclusive utilizam motivos típicos da pintura corporal para decorar peças de cerâmica e objetos de couro que produzem para vender aos visitantes.

A arte plumária completa o espetáculo proporcionado pelas grandes cerimônias coletivas.

É bastante elaborada e consiste em peças de plumas ou penas que, em algumas tribos, só os homens podem fazer e usar.

Labrete (enfeite) plumário dos urubus-caapores, Maranhão.

© WAGNER SOUZA E SILVA. MUSEU DE ARQUEOLOGIA E ETNOLOGIA, USP

Muitas vezes o artista modifica as cores naturais das penas para adequá-las à peça que pretende criar e ao tipo de pessoa que vai usá-la. Para isso, recorre à técnica da tapiragem. Para começar, arranca as penas da ave viva e esfrega no local sangue de rã ou gordura de peixe, entre outras coisas. Essas substâncias penetram na pele da ave e tingem as novas penas. Assim, uma pena que seria naturalmente verde, por exemplo, nasce amarela, alaranjada ou vermelha.

Diadema plumário dos bororos, Mato Grosso.

Máscara de penas e fibras vegetais dos tapirapés, Mato Grosso.

Depois de obter as cores que queria, nosso artista corta as penas na forma desejada e amarra-as com cordões ou as cola com resina em torno de uma armação de madeira ou de fibras vegetais, sobre uma base de couro ou tecido ou, ainda, diretamente no corpo. Os adornos que ele cria vão desde simples braceletes até mantos inteiros,

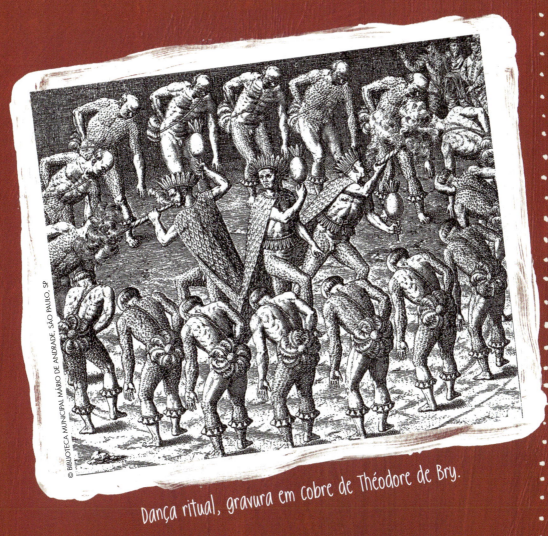

Dança ritual, gravura em cobre de Théodore de Bry.

passando por diademas e cocares. Entre os tupinambás, povo que hoje está extinto e que antigamente vivia no litoral do Pará, do Maranhão, da Bahia e do Rio de Janeiro, o manto de penas era exclusividade dos homens muito importantes, que só o usavam em grandes cerimônias.

E com o manto tupinambá encerro esta minúscula amostra de arte indígena. Espero que você tenha gostado e que procure saber mais. Pesquise na internet ou na biblioteca de sua cidade. Peça a orientação de seu professor de História ou de Arte. Se possível, visite pessoalmente um museu de arte indígena. Se não houver nenhum em sua cidade, faça uma visita virtual ao *site* de um museu como o MAE (Museu de Arqueologia e Etnologia da USP). Você vai se encantar. E eu vou ficar muito contente de ter sido a pessoa que chamou sua atenção para um aspecto tão rico e tão pouco estudado de nossa própria cultura. Até a próxima.